Le souffle de l'apocalypse

Les Écrits des Forges, fondés par Gatien Lapointe en 1971, bénéficient de l'appui financier du Conseil des arts du Canada et de la Société de développement des entreprises culturelles du Québec (SODEC).

Avec la participation du gouvernement du Canada | Canada

Dépôt légal : quatrième trimestre 2018
Bibliothèque et Archives nationales du Québec
Bibliothèque et Archives Canada
ISBN : 978-2-89645-362-7

992-A, rue Royale
Trois-Rivières (Québec) G9A 4H9
Téléphone : 819 840-8492
ecritsdesforges@gmail.com
www.ecritsdesforges.com

En librairie :
Diffusion Prologue
1650, boul. Lionel-Bertrand
Boisbriand (Québec) J7H 1N7
prologue@prologue.ca

MARIO
PELLETIER

Le souffle de l'apocalypse

ÉCRITS DES FORGES
POÉSIE

LE GRAND HIVER

Un jour
bientôt
qui sait
quand les airs seront sans oiseaux
et les arbres décapités
quand nous serons exilés du Soleil
cherchant un dernier souffle
dessus la Terre mère morte
avec des mots
qui n'auront plus d'écho

Cet hiver nous saisira tout vif
et n'en finira pas
gel mortel
air toxique
voix et vols cassés
plus de parole
plus de chant

Nos esprits foudroyés avec les arbres morts
nous marcherons sourds   aveugles   sans ressort
zombies   errants   déracinés   décérébrés
traînant des restes de survivance agonique
à travers des trous noirs de passés dévastés

Errances d'amnésique en pays aboli
restes d'ego errant vers l'océan noir
c'est nous
c'est moi
déjà

J'avance en terre de tragédie étouffée
je marche à pas lourds le cœur à l'envers
sur des tessons de mémoire hurlante
m'enfonce dans la foule robotisée
sous les tribunes des décerveleurs hilares

La stridence infinie du cyberespace
me frappe d'effroi et d'absurdité
incommensurables

J'entrevois cyborgs et androïdes
rêvant de femmes silicones
en des Hawaïs de silice et de plastique
bavardant multilingue en codes machines
dans les abris souterrains de l'hiver nucléaire
programmant la mort des derniers humains

Tant de sécheresses
mon âme déshydratée
saumon désamouré des frayères perdues
remontons à la source des larmes

REMONTÉE EN PAYS ABOLI

Parfois
et de plus en plus
je remonte amont d'où je suis venu
loin
très loin dans des espaces évanouis
par delà Kamouraska et Témiscouata
vers les ancrages profonds du cœur

À contre-champ des années
en long travelling je remonte
par monts de granite et de pruche
désâmé aux diables verts
en des forêts revêches d'anti-mémoire
sous des éboulements d'images
de désolation immémoriale

Ma tête bûcheuse d'archives ligneuses
dans la dessouche noire d'arrière-pays
sous les abatis d'automne rouge
frustes fardoches de mots rêches
sacres qui claquent dans l'air cru
flambées d'ivresse et de colère mêlées
airs d'harmonica dans le serein des brunantes
éclats de voix
éclairs de sourires aimés
filantes étoiles de ciels abolis

Et le halètement sans fin des agonies
dans l'enfilade des chambres
où les morts se succèdent
visages s'estompant un à un
dans les miroirs en abîme des décennies

Et moi remontant
de traverse en trébuche
avançant   recru
navré
à travers cendres et poussières
dans les strates accumulées des gisants

Je remonte en moi disparu
je remonte aux jours de gel et de fièvre
dans la maison de bois craquant
sous la poigne des saisons dures
quand la simple ânonnait les saintes Écritures
et le nordet hurlait l'épouvante aux fenêtres

Bousculade d'images en rafales
mots échevelés dans la tête de l'enfant fiévreux
son regard emporté
dans les poudreries de neige soleil
qui soufflaient des patineurs fantômes
en virevolte sur le lac
son esprit lancé au large
à la drave de tous les désirs
coureur des bois de fées
happé en chasse-galerie de cauchemars
quand les tableaux du grand catéchisme illustré
pointaient l'heure arrêtée de l'enfer éternel

Dans les vapeurs du gel au-dessus des lacs
flottaient des spectres difformes
et d'immenses gémissements
du fond des solitudes montaient
chants fantômes des tribus millénaires
Micmacs et Montagnais
dont les os avec les roches saillaient
sous le soc des pionniers laboureurs

Et grand-mère filait le soir
chansons et catalognes
pour garder chaud l’espoir
pour tenir loin l’effroi

Car toujours
la hurlante nuit originelle

Cette nuit d'encre rougie de sang

Qui donc entend leurs cris
entre quatre murs bruts d'un pays perdu
dans le grésillement des ondes radios
portant les nouvelles de guerre et de paix
sous les retombées de la bombe absolue

L'empreinte des morts pulvérisés
sur les murs d'Hiroshima
comme l'empreinte en lui de la mère disparue

Lui entre mort et vie
tout bleu et révulsé
à côté de sa mère déjà passée
la chambre s'étrangle et les murs saignent
tout ce qui peut crier hurle
tous les chiens tous les loups tous les coyotes

Et les huards qui lamentent lugubre sur les lacs
en échos répercutés dans les solitudes
réverbérés en abîme
dans le cerveau abyssal des temps

La mère qui a perdu le souffle
et lui qui le happe à douleur

L'à-peine né
lui qui sera moi
l'endeuillé de naissance
l'a-mère à jamais

Esprit frappeur sous le crâne
l'écho fantôme de la mère morte
soulève des vagues de clameurs
qui battent sans fin les plages du cœur

Dans l'inconscient la souffrance perce ses dents

Et dans l'exil du corps séparé
l'orphelin tète son pouce sec
suce à blanc des tétines de caoutchouc
s'abreuve au songe mystique
d'une mère Ophélie
flottant dans la nuit illimitée

Je me revire
à contre-fil du temps
et le voilà courant
nu-pieds à travers champs
vers la chute d'un arc-en-ciel
sur la montée du rang de la Croix
entre l'ocre montagne du Fourneau
et la trinité des monts bleus au loin
vers Rimouski
et le grand fleuve maritime

Étés de mouches grésillantes
dans les après-midis lourds
étés de matricaires odorantes
et de cerises à grappes sucrées

Étés nu-pieds dans les herbes folles

Le monde était nu et vierge
tout chaud sorti de la matrice des rêves
arbres nuages et maisons dansaient
avec lui qui courait les lièvres et les papillons

À cœur battant
il cherchait des ponts vers l'infini
et Elle peut-être là-bas
au bout de l'arc-en-ciel

Il épiait la folle du village
qui lisait l'avenir dans l'écorce des bouleaux
et criait des litanies d'imprécations
dans des rafales de feuilles mortes

J'ai rêvé d'elle   la folle
relevant les morts du cimetière
ouvrant des clairières dans les espaces éteints
creusant des sillages dans les eaux figées
ramenant les astres à contre-courant d'apocalypse

En novembre
quand tombe la nuit
les âmes perdues s'accrochent aux grands arbres noirs
et sifflent des airs doux à l'oreille rêveuse

Aux heures les plus profondes
quand se sont tus moteurs et marteaux
il sourd des pierres et des eaux
l'immémorial murmure des mémoires mortes
qui ne trouve pour le chanter
ni voix   ni flûte   ni oiseau   ni poète
perçu seulement par un peuple occulte
de loups-garous lunaires
qui captent les rumeurs subliminales
dans les fugues et contre-fugues du vent
et s'enchantent jusqu'à l'estompe des brumes

LA SAGA DE L'EGO

Tant de saisons à tourner en rond-points fermés
à patauger morose en dédales de soi
dans l'âpre chiendent des morts debout
tout ce temps de portage amer en amnésie
dans l'aboulie du pays aboli

Tant de jours à s'escrimer en vain
sur les glaces fondantes des fidélités
hockey sournois des serments et des trahisons
joute mortelle des amours déconjuguées
dans des villes de suie et de rances regrets
que les lendemains de pluie maquillaient d'oubli

Tant de châteaux en bohème effondrés

Tant d'efforts dans les filatures d'irréel
pour trop de romans de sable et de poudrerie
pour des républiques de papiers mâchés
vains mots mâchouillés jusqu'au dégoût
jusqu'à la trahison ultime des sans-âme

Et tous les drapeaux de la fierté piétinés
dans les rires du peuple unanime cocu

J'aurai porté le rêve immense des eaux natales
enfourché les chevaux braques d'épopées vaines
effeuillé l'avenir à pétales perdus
dans des provinces de mirage et d'attrition
dévalé des Amériques de fièvre rouge
où coule à l'envers l'alcool des années fleuves
dans les cravaches et coups de sang d'une histoire
contre nous retournée de défaite en débâcle

Et moi le désâmé dévalant l'amertume
moi le décervelé cascadeur des abîmes
le noyé au long cours des rapides d'oubli
le noyé délirant des grands Mississippi
sous les tams-tams lents des tribus évanouies

Moi vague errant dans des archipels de méprise
chassant dans les îles incertaines du cœur

Saga de l'ego en obsolescence
sous les hasards déboulés
odyssée de soi à la dérive de l'âge
vers des antarctiques de solitude

Désolation des rivages sans partance
tous nos drakkars fracassés
sur le roc de l'impossible récit
et l'éclatant mépris du jour

Et moi toujours à la barre d'idéals fous
moi le radoubeur des chimères en débris
sans cesse grignoté par le crachin désespoir

Dérivant dans des automnes amers
livré à l'effeuillement des mémoires
sous le scalp hurlant des vents contraires
dans les champs roussis des années incendiées

Et l'échevèlement de la tête en folie
tentant de déchiffrer le braille des alarmes
dans l'enfilade aveugles des hasards

Je cours après mon ombre évanescente
le pied meurtri sur l'aigu tranchant des jours
empêtré dans les labyrinthes de l'être
des murmures en écho plein la tête
sous la dévorante interrogation des sphinx

For intérieur continent de larmes refoulées
mer glacée de rires dérisoires
mer des sarcasmes
remplie d'épaves de douleurs rouillées

Le voyageur perd le large au ras de la nuit
son regard aspiré dans l'abîme des ans
sous les noyés innombrables d'au-delà
sirènes chantant des appels inaudibles
pour l'ego Ulysse débarqué d'odyssée

La saga approche du cap ultime

La nuit s'empare de l'horizon

L'inconnu s'avance
océan noir.

AVEC D'AUTRES DE MON ÂGE

Avant je me semblais
avec d'autres de mon âge
porteur des grandes gestes enfouies
d'un pays taillé à la hache
et des morceaux d'épopées
volant plein la tête
dans des espaces avides de grandeur

Draveurs de phrases bouillonnantes
coureurs des taïgas vierges de l'inédit
ou pilotes d'hyperboles ronflantes
dans les circuits fermés de l'Histoire

Nous étions au volant d'un rêve exalté

D'œuvre en désœuvrement
sommes tombés en absence aiguë d'être

Les grands vivants du passé
qui faisaient honte à nos petitesses
ont été rapetissés
écorchés scalpés   ratiboisés
et claquemurés
dans les placards de l'oubli

Ite missa est
l'église est évacuée
le passé avec

Le pays alzheimer
ne se souvient plus de rien

Aux goulags de l'anti-mémoire
les soviets post-modernes
châtreurs d'identités
bâillonnent les dissidents

Dans la sloche des piétinements
le pays écharpé se démaille

Et tant bien que mal
nous avançons siamois
handicapés
par un double de soi
qui nous maudit

Sacrant ou riant
de notre mal-être au monde
ô nation
ô fleuve
le géant n'a plus cours
le géant est par terre
les nains partout

Les lilliputiens pullulent

Qu’est tout cela
ô mon infime ego
parmi cent milliards d’autres passés
sans compter ceux à venir
poussières humaines happées
dans l’aspirateur de l’Histoire
dans l’explosion des temps et des espaces
cendres des aimés et des aïeux
en allés ailleurs où nous irons

Amour déchirant
mental hurlant
dans une seconde cosmique
petit paquet d'os dans le cosmos

L'horizon du corps est un cul-de-sac

Et j'avance sans lumière
dans l'ombre de mes pas avalés à mesure
par le trou noir dévorant des hiers engloutis

Atome agité   inquiet
dans le tohu-bohu des explosions galactiques

Tu virevoltes au-dessus d'un sous-sol
peuplé d'ego fantômes

Et le tien qui chiale
en sourdine

Crucifié sur l'espace-temps

Dans la centrifugeuse hurlante des devenirs
qu'es-tu d'autre qu'un vibrion d'esprit
entre deux trous noirs
qu'une poussière sans nom
et sans lendemain

Combien d'étés encore avant d'avoir été

Les semences de l’avenir
vibrionnent par centaines de billions de milliards
dans les infiniment petits de l’humain

De corps en corps
de veines en veines
les fleuves du sang n’arrêtent pas leurs cours
vers les estuaires de l’infini

À CONTRE-COURANT D'APOCALYPSE

Dans l'hiver qui pointe
sous le souffle de l'apocalypse
dans le corps qui fonce sans freins
vers l'horizon qui se rétrécit

Y aura-t-il une grâce
qui nous saisira encore vifs
avant la dernière supplique
quand rien n'aura plus raison d'être
sur le tumulus des années abattues

J'aurai sans cesse voulu être celui-là qui n'a pas été
l'être refoulé du pays impossible
l'avorton toujours recommencé
des années accoucheuses de néant moi

Et pourtant
si tout cela n'avait été
que le chemin vers toi
après mille détours et cent traverses

Si tout cela n'avait été que pour
toi devant moi apparue
enfin
un soir de feuilles fanées
et de pages déchirées
où tout espoir semblait éteint
tout cela n'aura pas été vain

Seul l'amour nous justifie

Toi dont tous les gestes sont danses
toi dont le regard balaie toute obscurité
toi qui pleures la mort d'un arbre
et crains le poids d'un grêlon sur une fleur
toi qui nourris des amitiés dans l'invisible
et qui entretiens des alliances avec l'au-delà
toi dont le cœur est un grand cosmos d'amour

De tout mon être de néant je t'aime

Si je pouvais l'écrire autant que je le sens
le chanter en cent milliards de poèmes
répercutés dans les chorales galactiques
pour en saouler les anges

Et renverser en lumière tous les trous noirs

PAR DELÀ LES TEMPS

Il faut faire la nuit en soi
pour ouï-dire l'écho des grands fonds
les couches tectoniques du réel glissant
vers une vie plus vaste que le cosmos

Et la mort n'est plus un terminus
ni l'être voué au néant
la pensée échappe au cerveau
comme l'âme à l'ego

Voyants du présent illuminé
extra-lucides transverbérés de beauté
enchanteurs d'harmoniques mystères
qui font vibrer les plus hautes chanterelles
et résonner des arpèges de lumière
par delà les spectres connus
ces mystiques contempleurs de l'invisible
ces rêveurs hallucinés de l'impensable
eux elles tous
ils le pressentent
ils l'appréhendent
la métaphore du poème
le contrepoint de la fugue
versent dans la métaphysique
comme le sommeil dans le rêve

Les explorateurs d'infinitude
reculant en équations et pensée
jusqu'à la milliseconde du Big Bang
cerne le nombre pur du Verbe créateur
cent dix-neuf zéros suivis de un
chiffre à sa place exacte
pour que l'univers ne se dilate trop vite
ou n'implose

Vertige des physiciens
à l'approche de la pensée de Dieu

Le monde projeté totalement au départ
la moindre particule et cellule
tout ce qui est   a été   et sera
le cosmos tout entier contenu
dans la Pensée éternelle

Deux particules ayant interagi un moment
restent à jamais liées même séparées
par des milliards d'années-lumières

Leur intrication traverse espace et temps
et toute matière ou anti-matière
comme fera la nôtre

Milliards de particules
en toi et moi
à jamais jumelées

Nous entrerons dans les nébuleuses de l'éternité
enfilades en abîme en dimensions insoupçonnées
vers les pages flamboyantes du livre des résurrections
où sans fin jaillissent les fontaines des métamorphoses
à des réincarnations lumières d'ici

DU MÊME AUTEUR

Éléments, poèmes en livre d'artiste, gravures de Vincent Théberge, Montréal, 1977.

Ariane pour sortir du temps, poèmes en livre d'artiste, gravures de Vincent Théberge, Le Paladin, Montréal, 1979.

La machine à milliards, monographie historique, Québec/Amérique, Montréal, 1989.

La traversée des illustions, essai autobiographique, Fides, Montréal, 1994.

Ode Québec, 400 ans d'histoire en 400 alexandrins. Sous le pseudonyme *Olivier Marion,* Carte Blanche, Montréal, 2007.

La Caisse dans tous ses états, l'histoire mouvementée de la Caisse de dépôt et placement du Québec, Carte Blanche, Montréal, 2009.

Les amants de la dernière heure, roman coécrit avec Pauline Michel, Transit, Montréal-Paris, 2011.

Au temps des loups de Staline, roman historique, Fides, Montréal, 2012.

Quand l'amour efface le temps, roman coécrit avec Pauline Michel, Québec Livres, 2014.

La quête de la fille disparue, roman coécrit avec Pauline Michel, Fides, Montréal, 2017.

Quand la Russie hurlait avec les loups, récit historique, Éditions Chapitre.com, Paris, 2017.

De Capet à Macron – Mille ans de France, ode en mille alexandrins, Éditions Chapitre.com, Paris, 2017.

TABLE

Composé en Garamond Pro corps 12
cet ouvrage a été achevé d'imprimer
sur les presses de Héon & Nadeau Ltée
pour le compte de l'éditeur
Écrits des Forges
en novembre 2018.

Imprimé au Québec